Vigo
Spain

City Map

🌐 Glob:us

Vigo, Spain — City Map
By Jason Patrick Bates

First Edition: October 2017

Scale / 1:4000

| 50m

| 500ft

Map Overview

Map Symbols

▬	Highway	🔵	Map continuation page
▬	Street	····	Path

Archaeological site		Kiosk
Artwork		Level crossing
Atm		Library
Bar		Lighthouse
Bicycle rental		Memorial
Biergarten		Memorial plaque
Buddhist temple		Monument
Bus station		Museum
Bus stop		Muslim mosque
Cafe		Neighbourhood
Camping site		Nightclub
Car rental		Parking
Cave entrance		Peak
Chalet		Pharmacy
Charging station		Picnic site
Church / Monastery		Playground
Cinema		Police
Courthouse		Post office
Department store		Prison
Dog park		Pub
Drinking water		Railway
Dry cleaning		Restaurant
Elevator		Shinto temple
Embassy		Sikh temple
Fast food		Sports centre
Ferry terminal		Supermarket
Fire station		Taoist temple
Fountain		Taxi
Fuel		Telephone
Golf course		Theatre
Guest house		Toilets
Hindu temple		Townhall
Hospital		Traffic signals
Hostel		Viewpoint
Hotel		Water park
Information		Wilderness hut
Jewish synagogue		Windmill

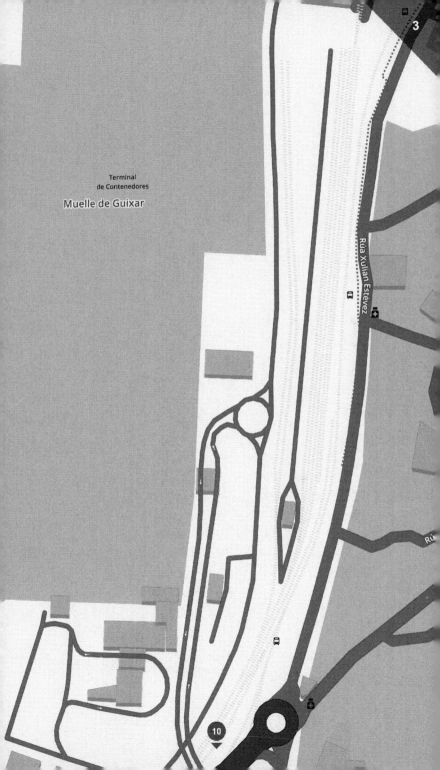

Terminal
de Contenedores

Muelle de Guixar

Rúa Xulián Estévez

3

10

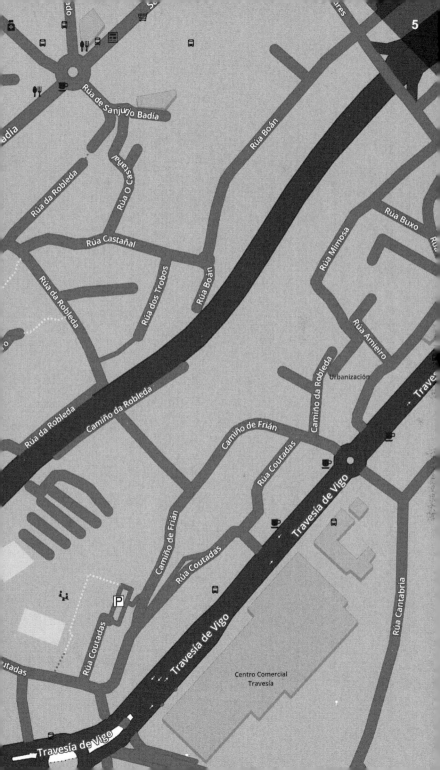

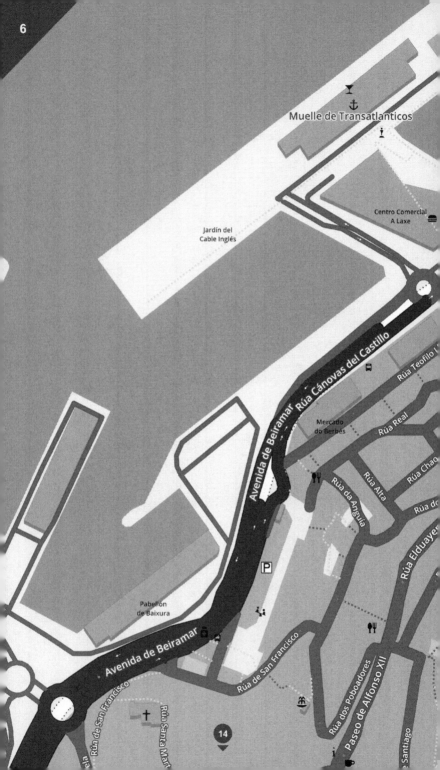

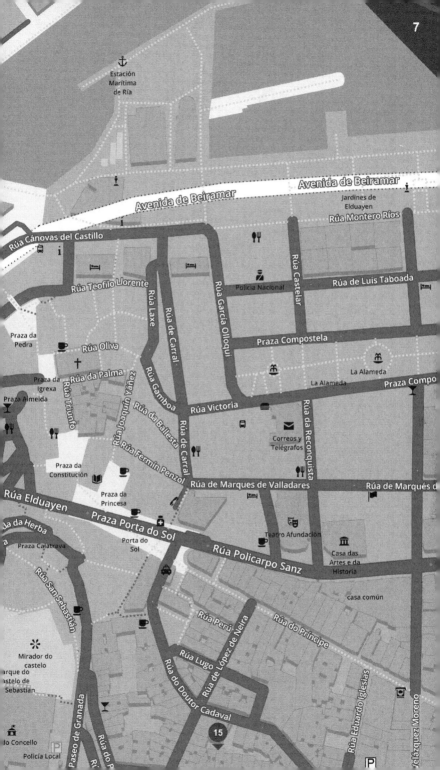

Estación
Marítima
de Ría

Avenida de Beiramar

Avenida de Beiramar

Jardines de
Elduayen

Rúa Montero Ríos

Rúa Cánovas del Castillo

Rúa Teofilo Llorente

Rúa Laxe

Rúa Castelar

Policía Nacional

Rúa de Luis Taboada

Rúa García Olloqui

Praza da
Pedra

Rúa Oliva

Rúa de Carral

Praza Compostela

Praza da
Igrexa

Rúa da Palma

La Alameda

Praza Almeida

Rúa Triunfo

Rúa da Palma

Rúa Joaquín Yáñez

Rúa Gamboa

Rúa da Ballesta

Rúa Victoria

La Alameda

Rúa da Reconquista

Praza Compo

Rúa de Carral

Correos y
Telégrafos

Rúa Fermín Penzol

Praza da
Constitución

Rúa de Marques de Valladares

Rúa de Marqués de

Praza da
Princesa

Rúa Elduayen

Praza Porta do Sol

da Herba

Teatro Afundación

Praza Calatrava

Porta do
Sol

Rúa Policarpo Sanz

Casa das
Artes e da
Historia

Rúa San Sebastián

casa común

Rúa Perú

Rúa do Príncipe

Mirador do
castelo
arque do
astelo de
Sebastián

Rúa de López de Neira

Rúa Lugo

Rúa Eduardo Iglesias

elázquez Moreno

Paseo de Granada

Rúa do Doutor Cadaval

do Concello

Policía Local

15

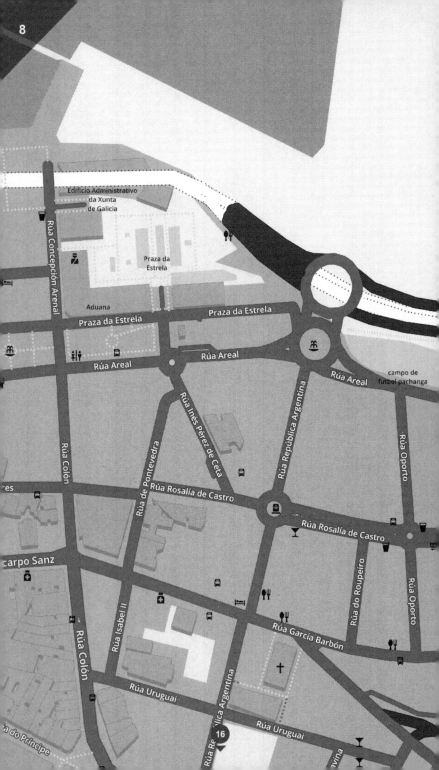

Edificio Administrativo
da Xunta
de Galicia

Praza da
Estrela

Aduana

Praza da Estrela

Praza da Estrela

Rúa Areal

Rúa Areal

Rúa Areal

campo de
futbol pachanga

Rúa Concepción Arenal

Rúa Inés Pérez de Ceta

Rúa de Pontevedra

Rúa República Argentina

Rúa Oporto

Rúa Colón

Rúa Rosalía de Castro

Rúa Rosalía de Castro

Rúa do Roupeiro

Rúa Oporto

carpo Sanz

Rúa Isabel II

Rúa Colón

Rúa Garcia Barbón

Rúa Uruguai

a do Principe

Rúa República Argentina

Rúa Uruguai

16

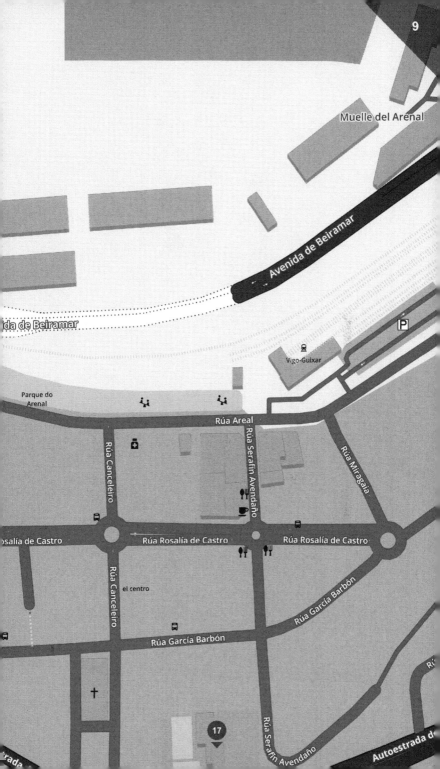

Muelle del Arenal

Avenida de Beiramar

...da de Beiramar

P

Vigo-Guixar

Parque do Arenal

Rúa Areal

Rúa Canceleiro

Rúa Serafín Avendaño

Rúa Miragaia

...salía de Castro

Rúa Rosalía de Castro

Rúa Rosalía de Castro

Rúa Canceleiro

el centro

Rúa García Barbón

Rúa García Barbón

Rúa Serafín Avendaño

Autoestrada d...

...rada

17

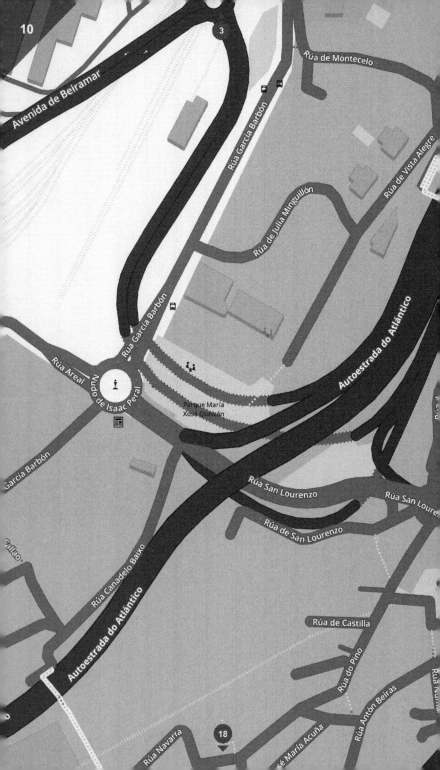

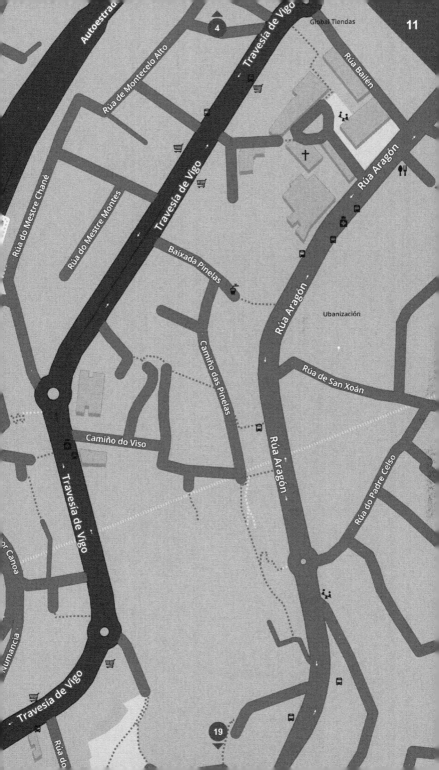

Global Tiendas

Rúa Bailén

Rúa Aragón

Autoestrad

Rúa de Montecelo Alto

Travesía de Vigo

Travesía de Vigo

Rúa do Mestre Chané

Rúa do Mestre Montes

Baixada Pinelas

Rúa Aragón

Ubanización

Camiño das Pinelas

Rúa de San Xoán

Camiño do Viso

Rúa Aragón

Rúa do Padre Celso

Travesía de Vigo

r Canoa

Numancia

Travesía de Vigo

Rúa do

4

19

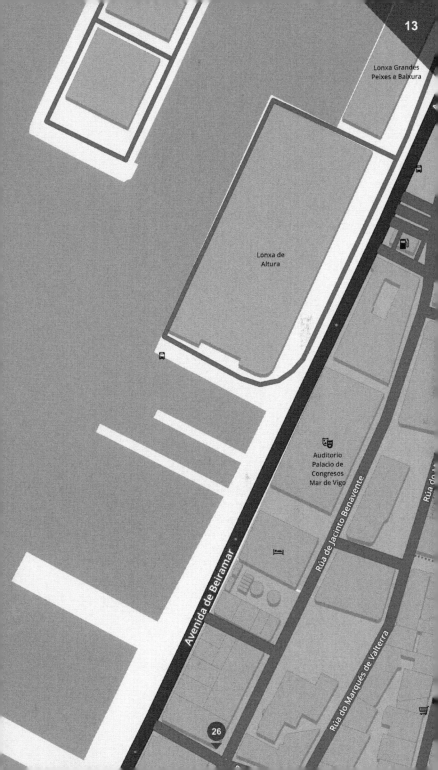

Lonxa Grandes
Peixes e Baixura

Lonxa de
Altura

Auditorio
Palacio de
Congresos
Mar de Vigo

Avenida de Beiramar

Rúa de Jacinto Benavente

Rúa do Marqués de Valterra

Rúa do

26

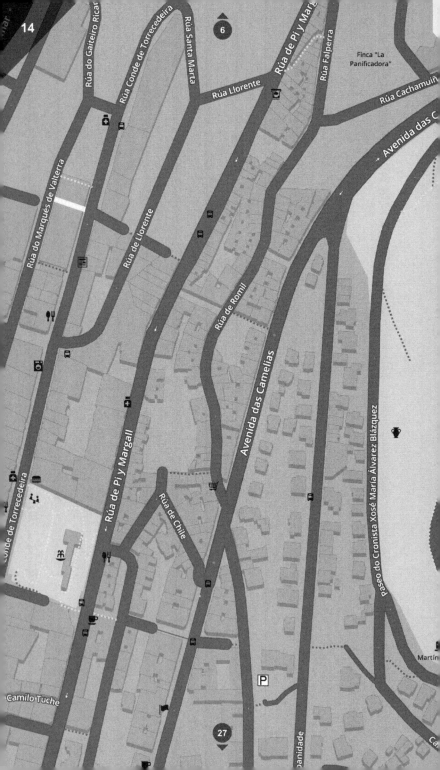

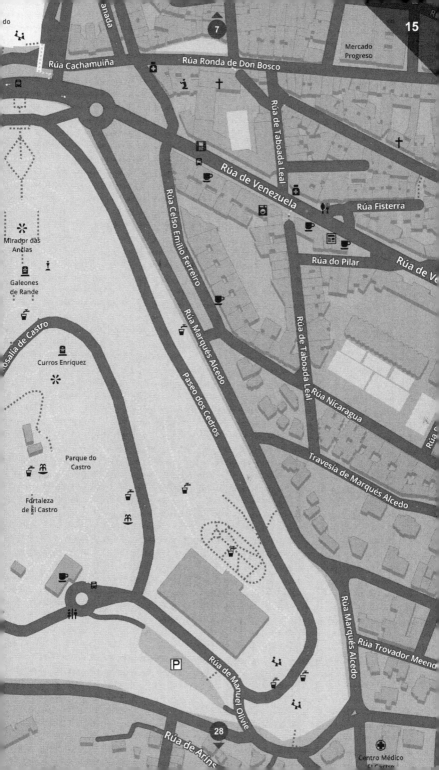

7

Rúa Cachamuiña

Rúa Ronda de Don Bosco

Mercado Progreso

Rúa de Taboada Leal

Rúa de Venezuela

Rúa Fisterra

Rúa do Pilar

Rúa de Ve

Mirador das Ancias

Galeones de Rande

Rúa Celso Emilio Ferreiro

Rúa Marqués Alcedo

Paseo dos Cedros

Rúa de Taboada Leal

Rúa Nicaragua

Rúa d

Rosalía de Castro

Curros Enriquez

Travesia de Marqués Alcedo

Parque do Castro

Fortaleza de El Castro

Rúa Marqués Alcedo

Rúa Trovador Meeno

P

Rúa de Manuel Olive

28

Rúa de Arins

Centro Médico El Castro

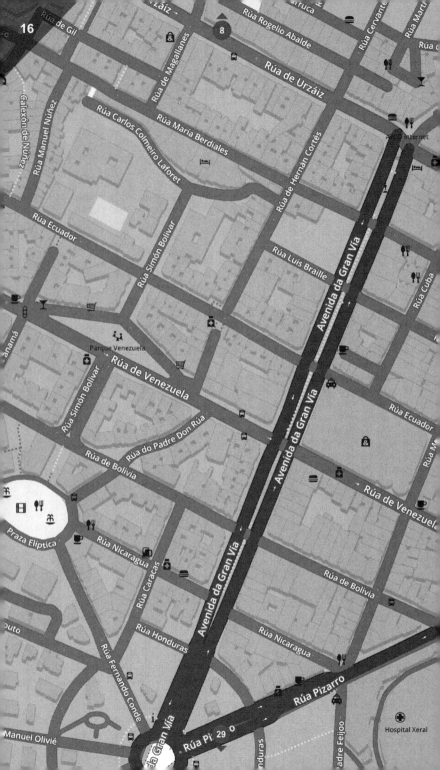

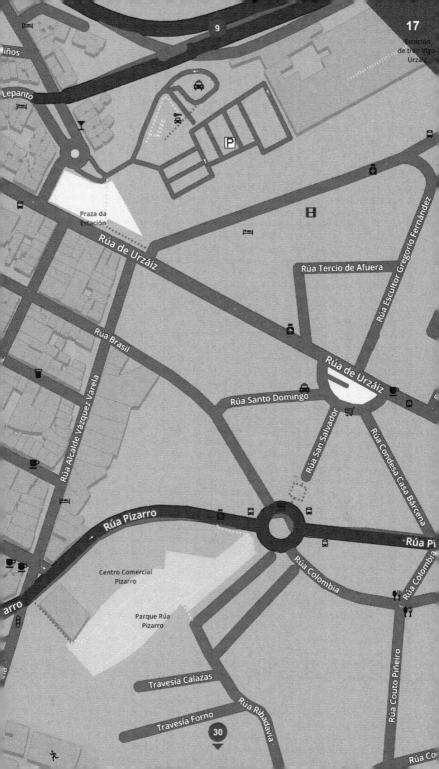

Estación
de tren Vigo-
Urzáiz

Iños

Lepanto

Praza da
Estación

Rúa de Urzáiz

Rúa Tercio de Afuera

Rúa Esculptor Gregorio Fernández

Rúa Brasil

Rúa Alcalde Vázquez Varela

Rúa de Urzáiz

Rúa Santo Domingo

Rúa San Salvador

Rúa Condesa Casa Bárcena

Rúa Pizarro

Centro Comercial
Pizarro

Parque Rúa
Pizarro

Rúa Colombia

Rúa Colombia

Rúa Pi

Rúa Couto Piñeiro

arro

Travesía Calazas

Travesía Forno

Rúa Ribadavia

30

Rúa Co

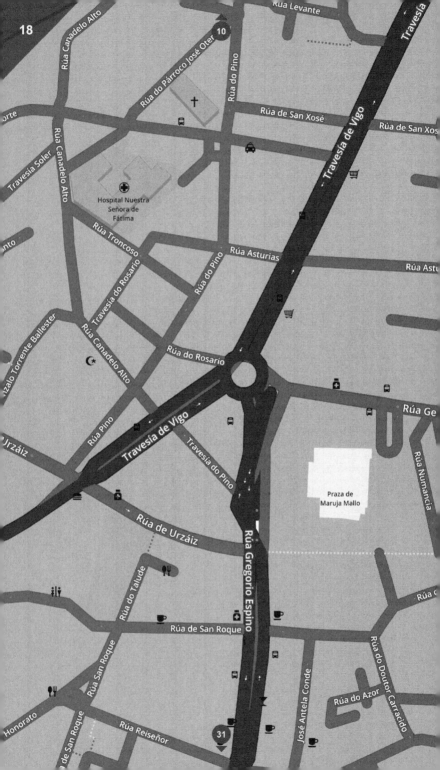

Praia da Mourisca

Praia da Mourisca

Museo do Mar

Praia do Cocho

Praia do Cocho

Avenida da Atlántida

P

Praia de Santa Baío

Praia de Santa Baía

Camiño Borralleiro

33

Praia de
Carril

Zona verde

P

Rúa Roade

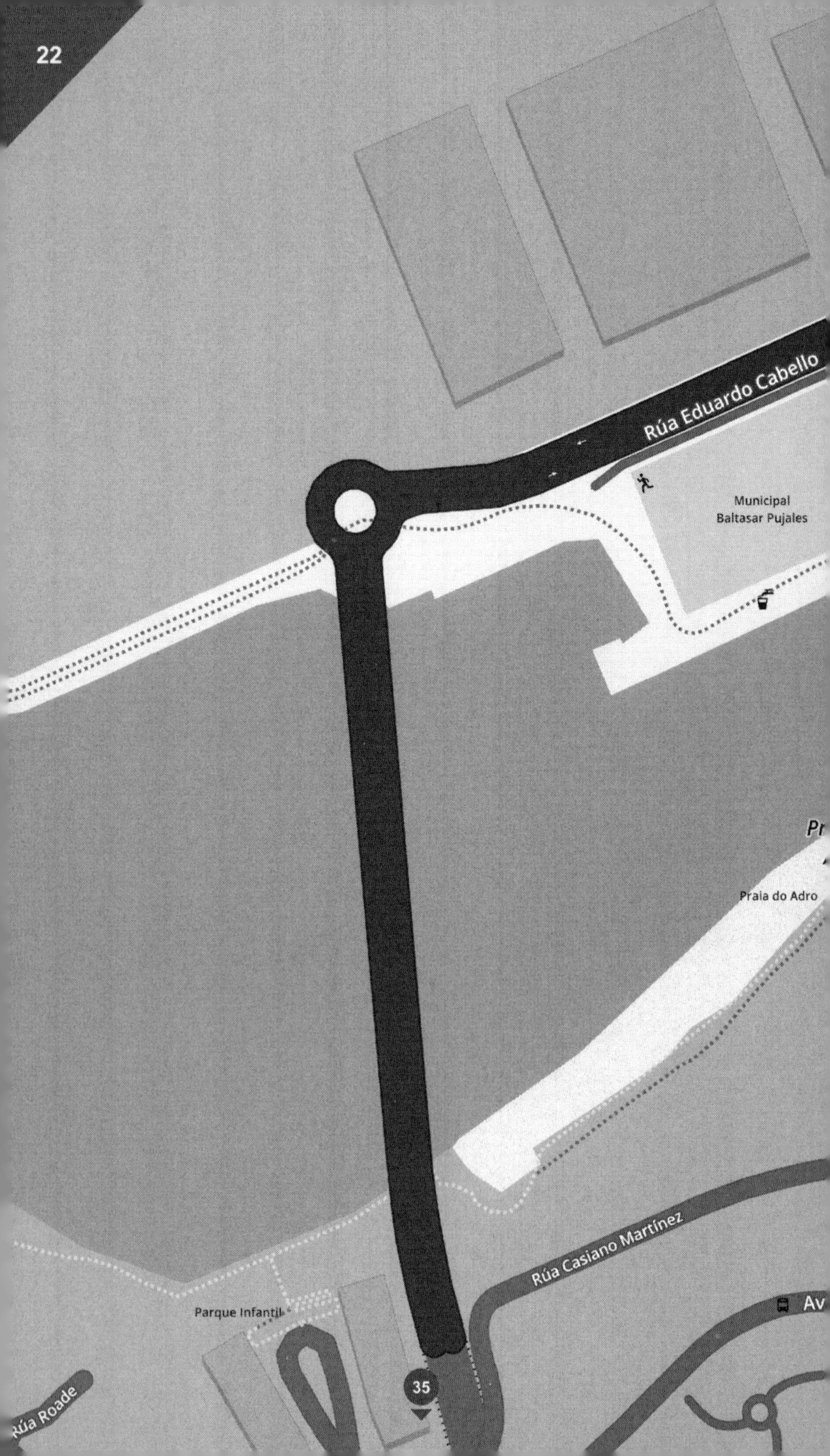

Rúa Eduardo Cabello

Municipal
Baltasar Pujales

Pr

Praia do Adro

Rúa Casiano Martínez

Av

Parque Infantil

Rúa Roade

35

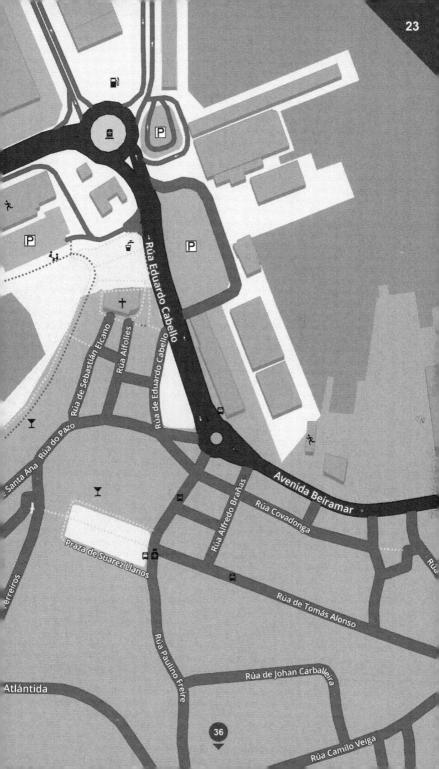

Rúa Eduardo Cabello

Rúa de Eduardo Cabello

Rúa Alfolíes

Rúa de Sebastián Elcano

Rúa do Pazo

Rúa Santa Ana

Avenida Beiramar

Rúa Alfredo Brañas

Rúa Covadonga

Praza de Suarez Llanos

Rúa de Tomás Alonso

Ferreiros

Rúa Paulino Freire

Rúa de Johan Carballeira

Atlántida

36

Rúa Camilo Veiga

Avenida Beiramar

Rúa de San Gregorio

Rúa de Tomás Alonso

Rúa Alcalde José Ramón Fontán González

Rúa San Xoan de Deus

Camiño da Raposa

Rúa do Torroso

Rúa Budiño

Rúa Xaxan

Rúa Aloia

Rúa Alba

Rúa Castro Ca

Camino Cordeira

37

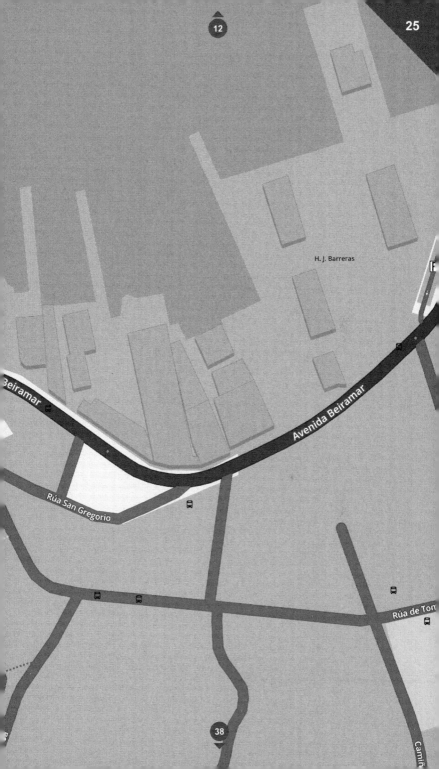

12

H. J. Barreras

Avenida Beiramar

Beiramar

Rúa San Gregorio

Rúa de Tor

Camiñ

38

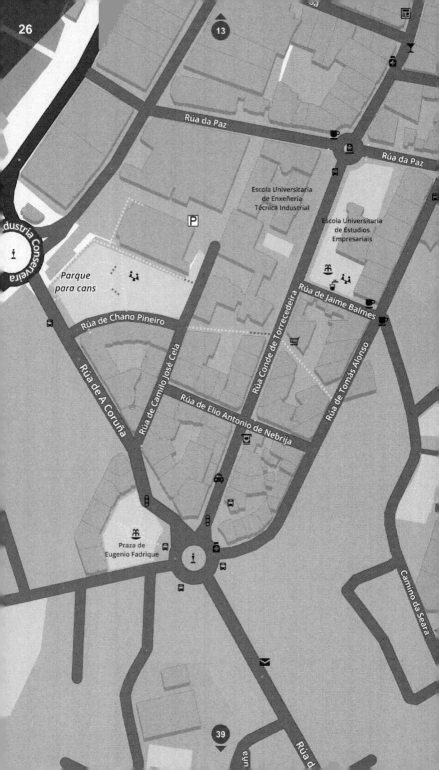

dustria Conserveira

Rúa da Paz

Rúa da Paz

Escola Universitaria
de Enxeñería
Técnica Industrial

Escola Universitaria
de Estudios
Empresariais

Parque
para cans

Rúa de Chano Pineiro

Rúa de Jaime Balmes

Rúa Conde de Torrecedeira

Rúa de Camilo José Cela

Rúa de A Coruña

Rúa de Tomás Alonso

Rúa de Elio Antonio de Nebrija

Praza de
Eugenio Fadrique

Camino da Seara

Rúa d

13

39

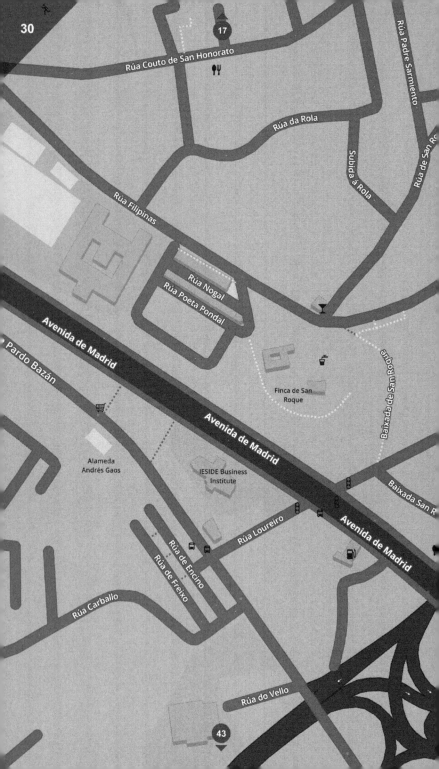

18

Rúa de San Roque
Travesía do Falsán
Rúa do Falsán
Rúa Escultor Nogueira
Rúa Fernando Lago Olano
Rúa do Falsán
Rúa do Morcego
Rúa Papuxa
Avenida Alcalde Gregorio Espino
Alcalde Gregorio Espino
e Madrid
eta

Washup

Rúa Merlo
Rúa Canario
Camiño Pardal
Rúa do Xilgaro
Rúa Gaivota

Rúa Carrizo
Rúa da Pega
Rúa Bubela
Rúa Pardillo
Rúa Corvo Mariño
Rúa Merlo
Rúa Estorniño
Rúa Canario
A Doblada
Rúa do Xilgaro
Camiño Sobreiro
Rúa Estorniño
Rúa Doctor Toscano
Rúa Doctor Martín Las
Rúa Mazarico

Rúa Anduriña

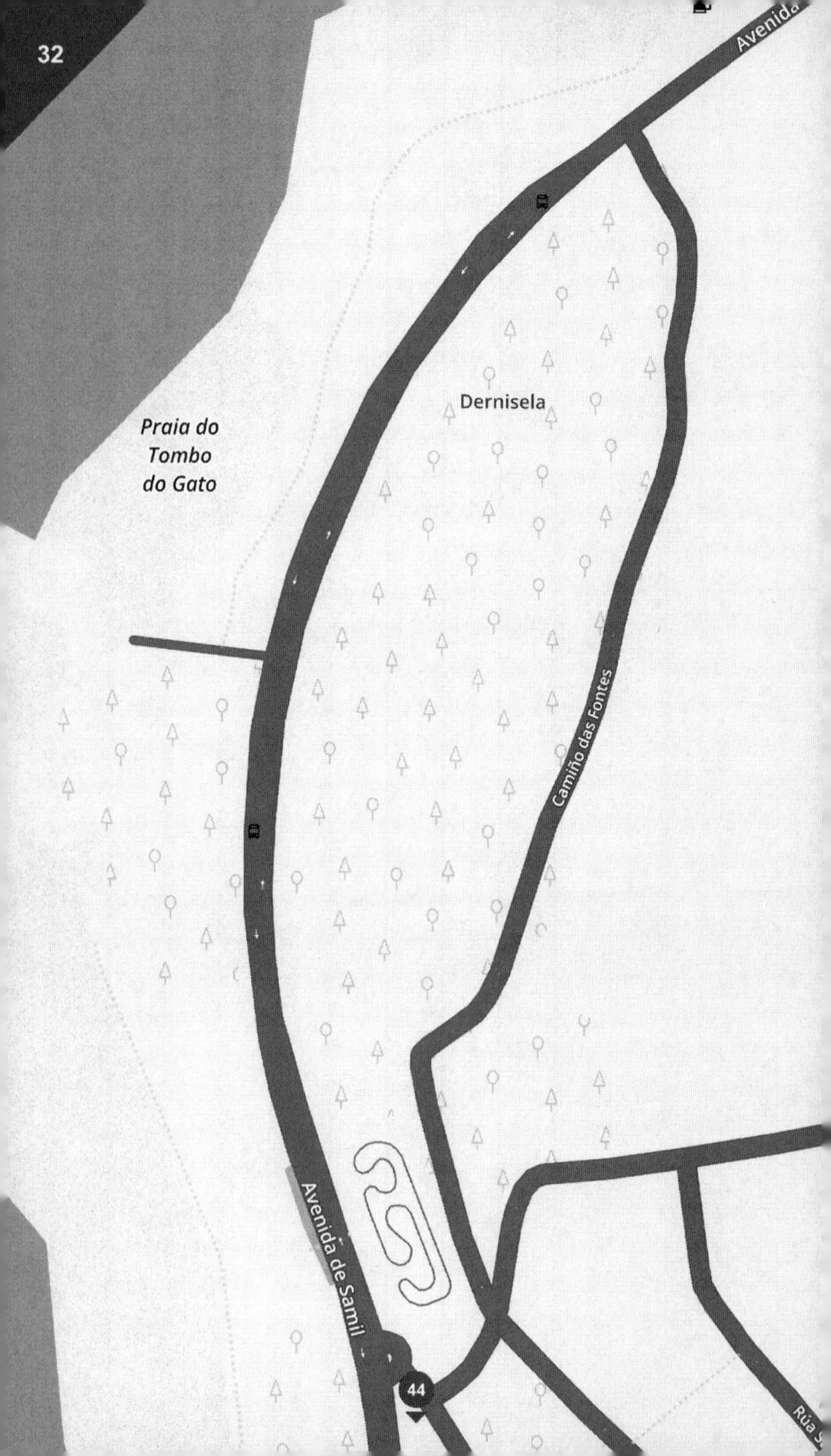

Avenida

Praia do
Tombo
do Gato

Dernisela

Camiño das Fontes

Avenida de Samil

Rúa

44

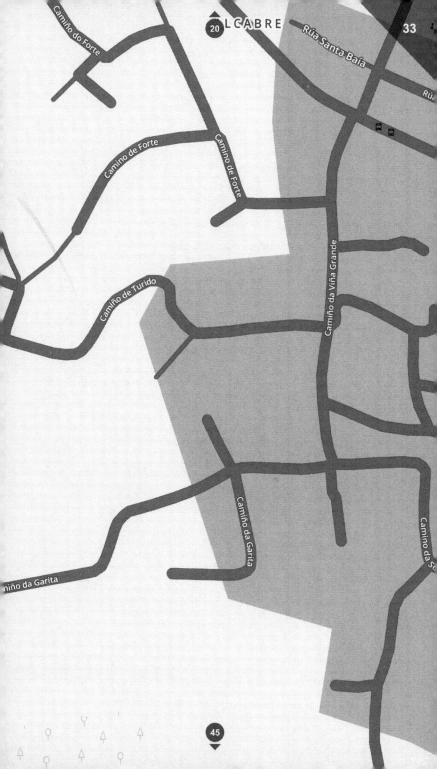

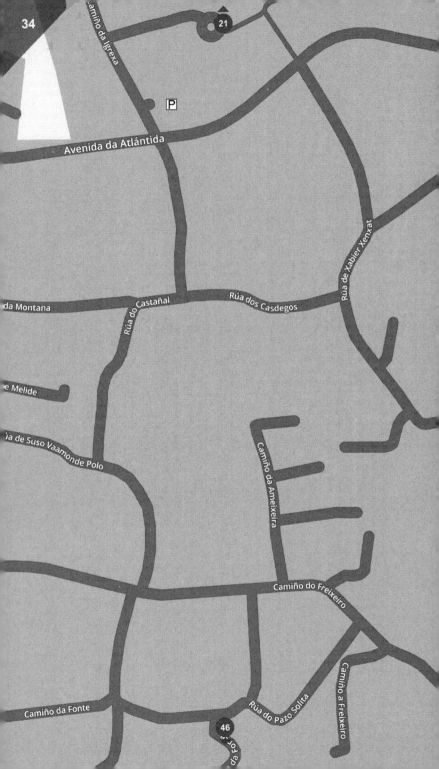

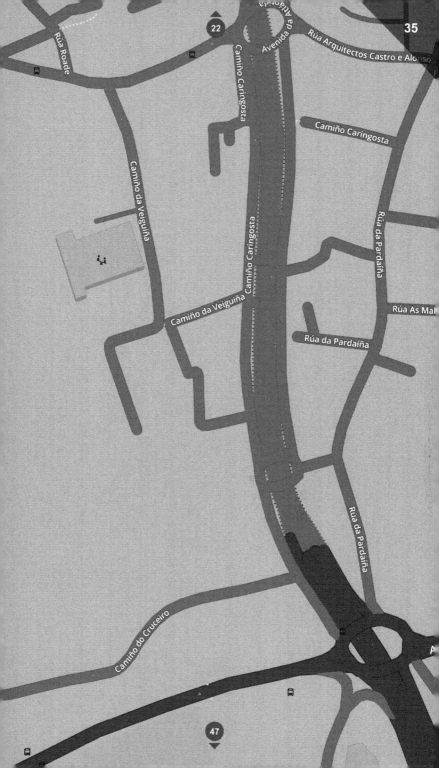

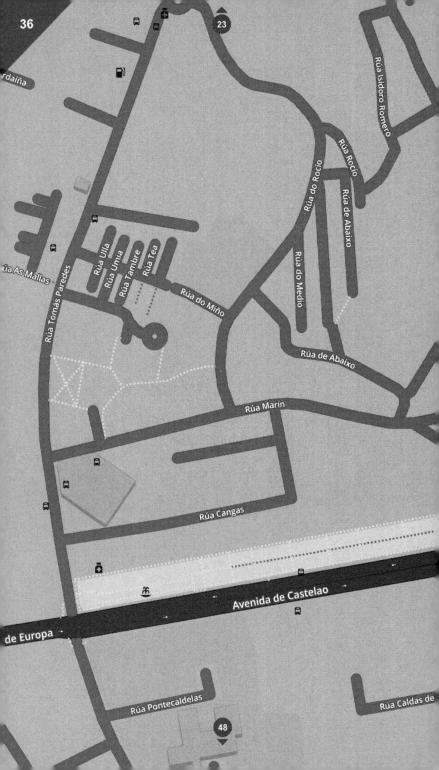

23

Rúa Isidoro Romero

Rúa Rocío

Rúa do Rocío

Rúa de Abaixo

Rúa do Medio

rdaíña

Rúa Ulla

Rúa Umia

Rúa Tambre

Rúa Tea

úa As Mallas

Rúa Tomás Paredes

Rúa do Miño

Rúa de Abaixo

Rúa Marín

Rúa Cangas

Rúa Pontecaldelas

Avenida de Castelao

de Europa

Rúa Caldas de

48

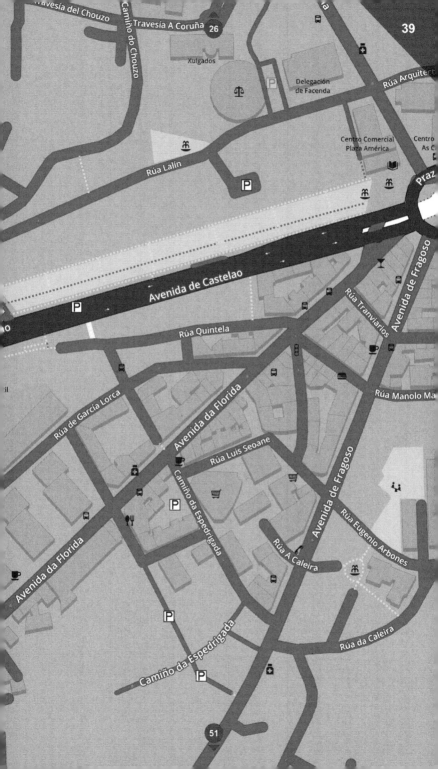

Travesía del Chouzo

Camiño do Chouzo

Travesía A Coruña 26

Rúa Arquite

Xulgados

Delegación
de Facenda

Centro Comercial
Plaza América

Centro
As C

Rúa Lalín

Praz

Avenida de Castelao

Rúa Tranviarios

Avenida de Fragoso

Rúa Quintela

Rúa Manolo Ma

Rúa de García Lorca

Avenida da Florida

Rúa Luis Seoane

Camiño da Espedrigada

Avenida de Fragoso

Rúa Eugenio Arbones

Avenida da Florida

Rúa A Caleira

Rúa da Caleira

Camiño da Espedrigada

27

Rúa de Gerona

gueiro

Rúa de Otero Pedrayo

M José Vigo

Camiño dos Anxos

Rúa de Alfonso X 'O Sabio'

Rúa de López Mora

Rúa González Sierra

érica

Avenida da Gran Vía

Avenida da Gran Vía

Avenida da Gran Vía

Avenida da Gran V

Baixada á Igrexa

Rúa do Carmen

Ximnasio
do Carme

Instituto
Municipal
dos Deportes

pabellón
traviesas

Piscina climatizada

Baixada á Igrexa

Rúa do Carmen

Rúa Pastora

Travesía de Pastora 3

Rúa Cesáreo González

1ª Travesía de Pastora

Rúa Pastora

Rúa Ricardo Torres Quiroga

Travesía de Pastora 2

Rúa Pastora

Baixada ó Pontillón

Avenida de Castelao

Travesía de Cataboi

Camiño de Cataboi

52

da Salgueira Grupo Sindical

E 29 o da Finca de Doña Concha

Parque Ricardo
Aldao Román

Rúa das Coutadas

Camiño Coutadas

Camiño da Espadeira

Paseo do Lagares

Río Lagares

Rúa da Finca dos Aires

Rúa da Finca dos Aires

Rúa da Finca dos Aires

Camino Finca de Aires

calle

Baixada a Laxe

ño dos Rosais

da a Laxe

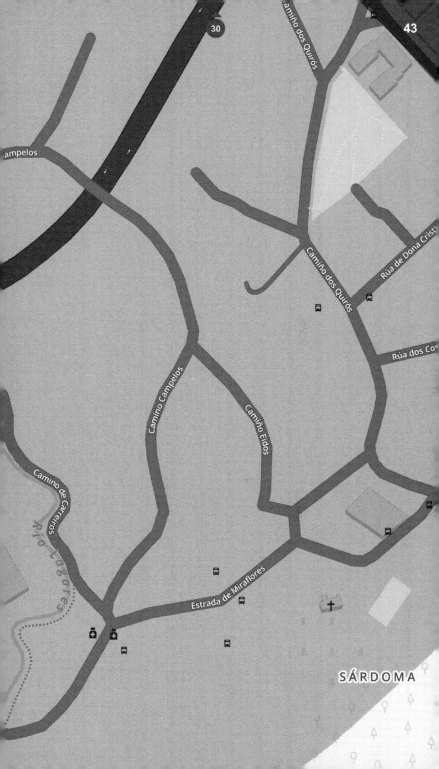

30

ampelos

amiño dos Quirós

Camiño dos Quirós

Rúa de Dona Crist

Rúa dos Co

Camino Campelos

Camiño Eidos

Camino de Carreiros

Río Lagares

Estrada de Miraflores

SÁRDOMA

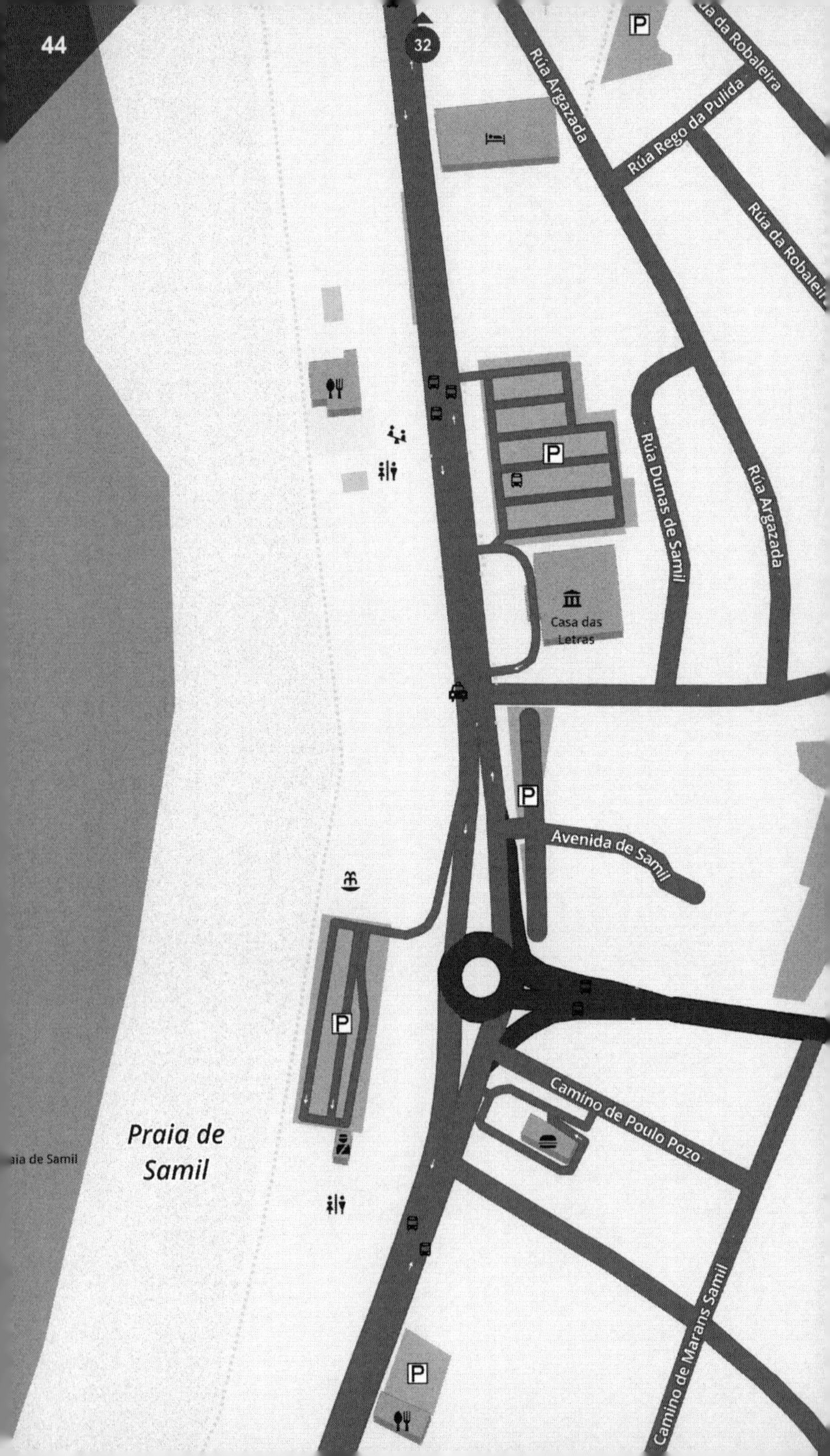

32

Rúa Argazada

Rúa da Robaleira

Rúa Rego da Pulida

Rúa da Robaleira

P

Rúa Dunas de Samil

Rúa Argazada

P

Casa das
Letras

P

Avenida de Samil

P

Praia de
Samil

aia de Samil

P

Camino de Poulo Pozo

Camiño de Marans Samil

P

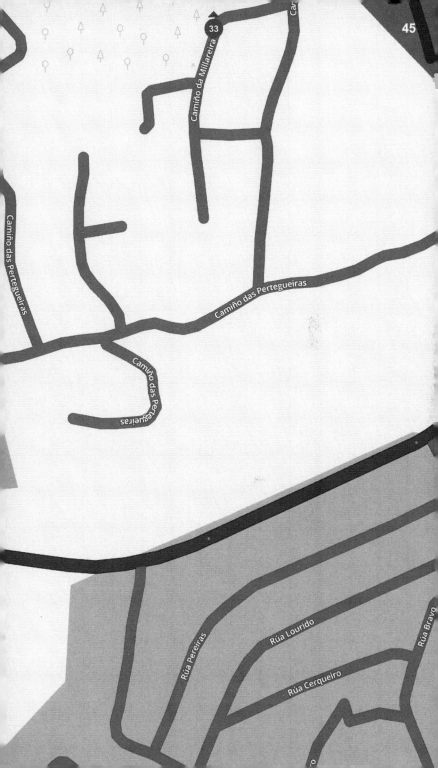

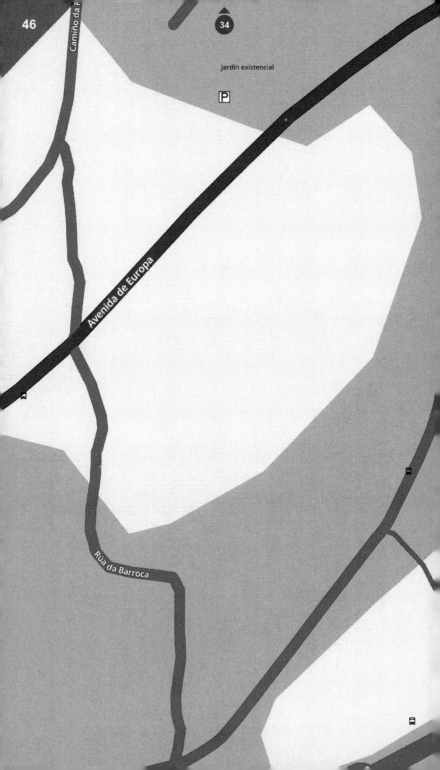

34

jardín existencial

P

Camiño da

Avenida de Europa

Rúa da Barroca

Rúa San Paio

Rúa Lamelas

Rúa Teixugueiras

Pavillón deportivo

Campo de
fútbol Pahiño

Rúa da Pedra Seixa

Canchas
de baloncesto
de Navia

Rúa do Limpiño

Parque Nelson
Mandela

Rúa da Pedra Seixa

Rúa Teixugueiras

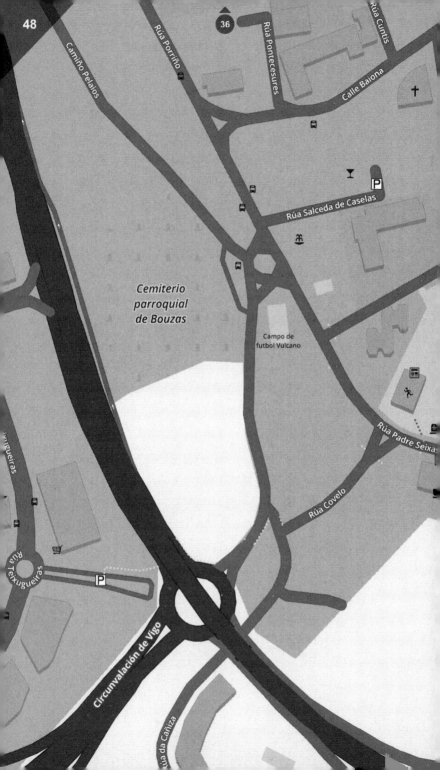

36

Camiño Pelaios

Rúa Porriño

Rúa Pontecesures

Rúa Cuntis

Calle Baiona

Rúa Salceda de Caselas

Cemiterio
parroquial
de Bouzas

Campo de
futbol Vulcano

Rúa Padre Seixa

Rúa Covelo

Teixugueiras

ixugueiras

Rúa

Circunvalación de Vigo

a da Cañiza

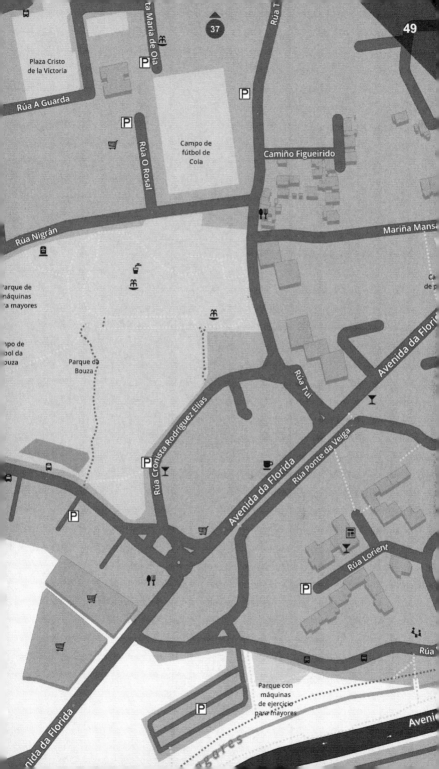

Plaza Cristo
de la Victoria

Rúa A Guarda

Campo de
fútbol de
Coia

Camiño Figueirido

Rúa O Rosal

Mariña Mans

Rúa Nigrán

arque de
áquinas
a mayores

Ca
de p

Parque de
Bouza

po de
ool da
ouza

Avenida da Flori

Rúa Tui

Rúa Cronista Rodríguez Elias

Avenida da Florida

Rúa Ponte da Veiga

Rúa Lorient

Parque con
máquinas
de ejercicio
para mayores

nida da Florida

Aveni

Rúa

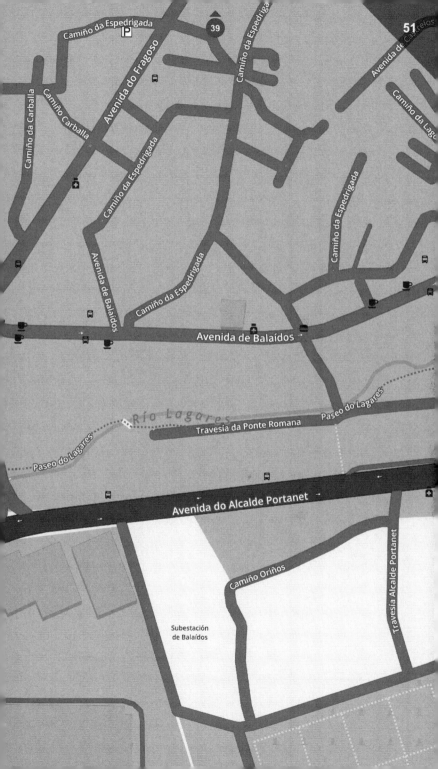

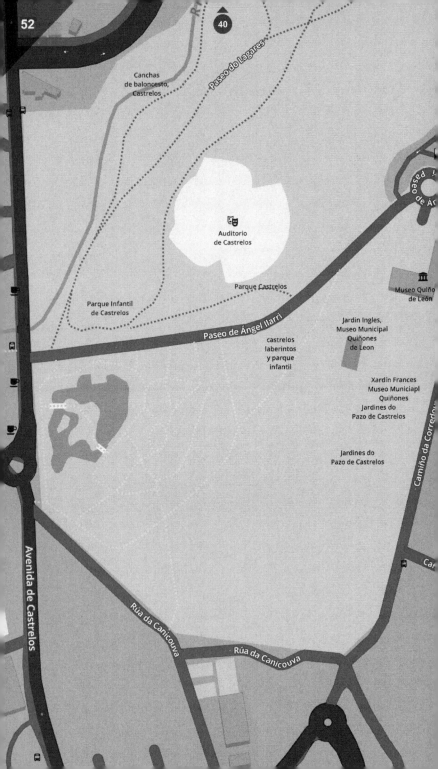

40

Canchas
de baloncesto,
Castrelos

Paseo do Lagares

Paseo de Á...

Auditorio
de Castrelos

Parque Castrelos

Museo Quiño
de León

Parque Infantil
de Castrelos

Paseo de Ángel Ilarri

castrelos
laberintos
y parque
infantil

Jardin Ingles,
Museo Municipal
Quiñones
de Leon

Xardín Frances
Museo Municiapl
Quiñones
Jardines do
Pazo de Castrelos

Jardines do
Pazo de Castrelos

Camiño da Corredou...

Cal

Avenida de Castrelos

Rúa da Canicouva

Rúa da Canicouva

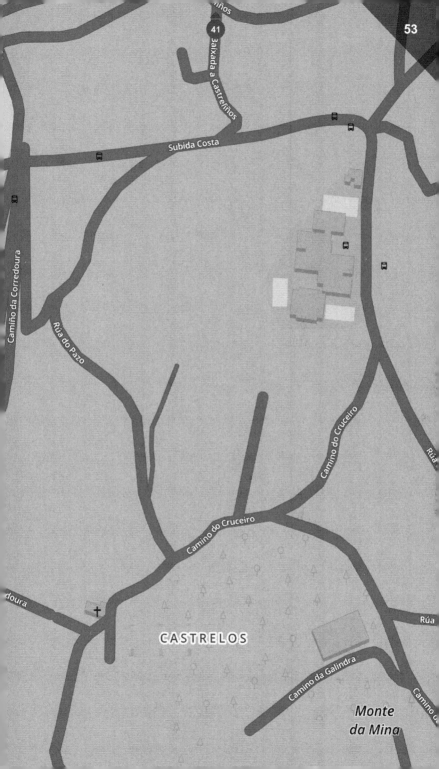

41

Baixada a Castreliños

Subida Costa

Camiño da Corredoura

Rúa do Pazo

Camino do Cruceiro

Rúa

Camino do Cruceiro

doura

CASTRELOS

Rúa

Camino da Galindra

Camino

Monte
da Mina

Streets

...

1ª travesía da cordeira 37
1ª travesía santiago de vigo 8
2ª travesía da cordeira 37

A

A barroca 6
Alameda de suárez llanos 23
Alcalde gregorio espino 30, 31
Arquitectos castro e alonso 35
Autoestrada do atlántico 4, 5, 8–11, 17
Autovía del atlántico 30, 31
Avenida alcalde gegorio espino 18
Avenida alcalde gregorio espino 31
Avenida antonio palacios . . 30, 31, 40–43, 52
Avenida beiramar 13, 23–25
Avenida buenos aires . 5
Avenida citroen . . 49–51
Avenida da atlántida 20, 22, 23, 33–36
Avenida da florida . . . 38, 39, 49, 50
Avenida da gran vía . 16, 28, 29, 40, 41
Avenida das camelias 14, 15, 27, 40

Avenida de balaídos 50–52
Avenida de beiramar 6–10, 13, 14, 26
Avenida de castelao 36–39
Avenida de castrelos 39, 40, 51, 52
Avenida de europa . . 35, 36, 44–47
Avenida de madrid . . 16, 29–31
Avenida de ramón nieto 19
Avenida de ricardo mella 48
Avenida de samil 20, 32, 44
Avenida do aeroporto 19
Avenida do alcalde portanet 51, 52
Avenida do fragoso . 39, 50, 51
Avenida martinez garrido 19, 31
Avenida orillamar 24

B

Baixada a castreliños 53
Baixada a estación . . . 17
Baixada a laxe 42, 43, 53
Baixada a pontillón . . 40
Baixada a rúa conde de torrecedeira . . 13, 14
Baixada a salgueira . . 29, 42
Baixada a samil . . . 44, 45
Baixada da herba . . . 6, 7
Baixada da ponte nova 41

Baixada de san roque 30
Baixada forte 7
Baixada pinelas 11
Baixada san roque 30, 31
Baixada á igrexa 40
Baixada á ponte nova 41, 53
Baixada á salgueira . . 29
Baixada ó castaño 28, 41
Baixada ó forte 6
Baixada ó pontillón . . 40, 53
Barrio da finca de doña concha 29, 42
Barrio da salgueira grupo sindical . . 29, 42
Barrio de lourido 29

C

Calexón de núñez 16
Calexón do viso . . . 10, 11
Calle baiona 48, 49
Calle eugenio arbones 39, 40
Calle tomas paredes . 36
Callexon padre encinas 4
Cambados 37
Camino camilo tuche 13, 14
Camino campelos 42, 43
Camino carreiros . 42, 43
Camino cordeira . 24, 25, 37
Camino da galindra . . 53
Camino da seara . 26, 27, 40
Camino da sobreira . . 33, 34
Camino da viña grande 33

Camino de carreiros . 43
Camino de forte 33
Camino de marans
  samil 44
Camino de poulo pozo
  44
Camino de ribadavia . 52
Camino de turido 33
Camino do cruceiro . . 53
Camino finca de aires 42
Camiño a freixeiro 34
Camiño borralleiro . . . 20
Camiño carballa 51
Camiño caringosta . . . 35
Camiño coutadas 42
Camiño da ameixeira 34
Camiño da atalaia 14, 28
Camiño da barciela . . 25,
  37, 38
Camiño da carballa . . 38,
  50, 51
Camiño da corredoura
  52, 53
Camiño da devesa . . . 11
Camiño da espadeira 42
Camiño da espedrigada
  39, 51, 52
Camiño da fonte . 34, 46
Camiño da garita . 32, 33
Camiño da igrexa . 21, 34
Camiño da lagoa . 51, 52
Camiño da millareira 33,
  45
Camiño da montana . 33,
  34
Camiño da pousa 27
Camiño da raposa 24, 37
Camiño da robleda 5
Camiño da robledarúa
  de sanjurjo badía . 5
Camiño da veiguiña . . 35
Camiño da vicaría38, 39,
  50
Camiño da viloura . . . 53
Camiño da viña grande
  33
Camiño das fontes . . . 32
Camiño das
  pertegueiras 44-46
Camiño das pinelas . . 11
Camiño de cataboi . . 40,
  52
Camiño de frián 5
Camiño de gonderan . 5
Camiño de pazos 27
Camiño de rioboo . . . 28,
  29, 41

Camiño de travesán . . . 5
Camiño de turido 33
Camiño do chouzo . . 26,
  39
Camiño do cruceiro . . 35
Camiño do forte . . 20, 33
Camiño do freixeiro . . 34,
  40, 41
Camiño do regueiro . . 27
Camiño do regueiroa 27
Camiño do toural de
  dentro 4, 5
Camiño do viso 11
Camiño dos anxos . . . 40
Camiño dos esturáns 25,
  38
Camiño dos pozos . . . 38
Camiño dos quirós . . . 43
Camiño dos rosais 41, 42
Camiño eidos 43
Camiño figueirido 37, 49,
  50
Camiño fonte vella . . . 11
Camiño lavandeiras . . 53
Camiño laxe redomeira
  11, 13
Camiño neira 37
Camiño oriños 51
Camiño pardal 31
Camiño pelaios . . 35, 36,
  48
Camiño pombal 19
Camiño sobreiro 31
Camiño soutelán . 24, 37
Camiño ó freixeiro 41
Canovas del castillo . . . 6
Centro comercial a.
  laxe, local 17 6
Circunvalación de vigo
  48
Cl republica argentina 8
  8
Couto piñeiro 17
Cronista rodriguez elias
  49

E

E. mtnez garrido-
  alcalde 19,
  31
Ecuador 16
Escalera de pescadores
  14
Estorniño 31
Estrada de clara cam-
  poamor 52

Estrada de miraflores 43
Estrada provincial 30
Eugenio fadrique 26

G

García barbon . . . 3, 9, 10
Gran via 29
Grove (o) 37

J

Jaime balmes 26
Jenaro de la fuente . . 18
Jose gómez posada-
  curros 28
José antela conde . . . 18

M

Mariña mansa 49, 50

N

Nudo de isaac peral . 10

P

Paseo de alfonso xii . . . 6
Paseo de granada . . 7, 15
Paseo de paz andrade
  21-23
Paseo de rosalía de
  castro 14, 15
Paseo de Ángel ilarri 52,
  53
Paseo del lagares 40
Paseo do cronista xosé
  maría Álvarez
  blázquez 14, 15
Paseo do lagares 40-43,
  49-52
Paseo do matemático
  rufo pérez . . . 40, 41
Paseo dos cedros 15
Paseo padre lorenzo . 27
Paso de peatones . . . 28
Paso de peatones de
  venezuela 15
Pescadores 23
Plaza de fernando el
  católico 17
Plaza de la estrella . . . 8
Plaza de pontevedra . . 8
Plaza elíptica 16

Porta do sol 7
Praza 8 de marzo 27
Praza calatrava 7
Praza compostela . . . 7, 8
Praza da consolacion 37
Praza da consolación 37
Praza da constitución . 7
Praza da estación 17
Praza da estrela 8
Praza da igrexa 7
Praza da independencia 27
Praza da industria con-
serveira 26
Praza da miñoca 38
Praza da pedra 7
Praza da princesa 7
Praza da vila de bouzas 23
Praza de américa 39, 40
Praza de españa . . 16, 29
Praza de eugenio
fadrique 26
Praza de isabel a
católica 17
Praza de juan xxiii 26
Praza de m. diego san-
tos 23
Praza de maruja mallo 18
Praza de peniche 27
Praza de portugal . 8, 16
Praza de san lourenzo 10
Praza de suarez llanos 23
Praza do berbés 6
Praza do bicentenario 15
Praza do rei . . 6, 7, 14, 15
Praza dos pescadores 6
Praza elíptica 16
Praza fernando católico 17
Praza joaquín fernández
santomé 38, 50
Praza m. diego santos 23
Praza porta do sol 7
Progreso 15
Progreso 36 16

R

Republica argentina . . . 8
Ronda don bosco . 15, 16
Rosalía de castro 8
Rosalía de castro, 28 . . 8

Rotonda de coia . . 37, 38
Rotonda zona franca de
bouzas 23
Rua abeleira menendez 7
Rua da pastora 40
Rua de alfonso x 'o
sabio' 40
Rua roade 22
Rua teofilo llorente 6
Rúa 10 de marzo 50
Rúa a caleira 39
Rúa a guarda . 37, 48, 49
Rúa abeleira menéndez 7
Rúa aguia 18
Rúa alba 24
Rúa alcalde josé ramón
fontán gonzález . 24
Rúa alcalde vázquez
varela 17, 29
Rúa alexandre bóveda
49, 50
Rúa alfolíes 23
Rúa alfonso xiii 8, 17
Rúa alfredo brañas . . . 23
Rúa aloia 24
Rúa alta 6
Rúa amador montene-
gro 30
Rúa amieiro 5
Rúa amor ruibal . . 27, 28
Rúa anduriña 31
Rúa antón beiras . 10, 11, 18
Rúa aragón 5, 11, 19
Rúa arbo 38
Rúa areal 8–10
Rúa argazada 32, 44
Rúa arquitecto alberto
baltar 39
Rúa arquitecto pérez
bellas 26, 27
Rúa arquitecto xosé bar
boo 39, 40
Rúa arquitectos castro
e alonso 35
Rúa as mallas 35, 36
Rúa asturias 18, 19
Rúa bailén 11
Rúa baiona 37, 49
Rúa baixada a fonte dos
barros 36, 37
Rúa barcelona 27, 28
Rúa becacina 18, 31
Rúa benedicto conde 24
Rúa boán 5

Rúa brasil 16, 17
Rúa bravo 45, 46
Rúa bubela 31
Rúa budino 24
Rúa buxo 5
Rúa cachamuiña . . 14, 15
Rúa caldas de reis 36, 37
Rúa cambados 37
Rúa camilo veiga . 23, 24, 36
Rúa canadelo alto 18
Rúa canadelo baixo . . 10
Rúa canario 31
Rúa canceleiro 9
Rúa cangas 36
Rúa cantabria 5
Rúa caracas 16
Rúa caravel 4
Rúa carballo 29, 30
Rúa carlos colmeiro
laforet 16
Rúa carmen miguel
agra 4
Rúa carrizo 18, 31
Rúa casiano martínez 22, 23
Rúa castañal 5
Rúa castelar 7
Rúa castreliños . . . 41, 53
Rúa castro castriño . . 24, 25
Rúa cataluña 19
Rúa cayetano pereira
limia 22, 23
Rúa celso emilio ferreiro 15
Rúa cerqueiro 45
Rúa cervantes 8, 16
Rúa cesteiros 7
Rúa cesáreo gonzález 40
Rúa chao 6, 7
Rúa churruca 16
Rúa colombia 17, 18
Rúa colón 8
Rúa concepción arenal 8
Rúa conde de tor-
recedeira 13, 14, 26
Rúa condesa casa
bárcena 17
Rúa corvo mariño 31
Rúa coutadas 3–5
Rúa couto 15, 16
Rúa couto de san hono-
rato 17, 18, 29,

58

30
Rúa couto piñeiro 17
Rúa covadonga 23
Rúa covelo........... 48
Rúa crisantemo 4
Rúa cristo 19
Rúa cronista rodríguez
  elías 49
Rúa cruceiro vello.... 23
Rúa cruz blanca...... 19
Rúa cuba 16, 17
Rúa cuntis 48
Rúa cánovas del castillo
  6, 7
Rúa da anguía........ 6
Rúa da azucena 4
Rúa da ballesta 7
Rúa da barroca 46
Rúa da bolboreta . 30, 31
Rúa da caleira.... 39, 40
Rúa da canicouva 52
Rúa da carballeira da
  rabadeira 38
Rúa da castaña .. 34, 35,
  47
Rúa da cañiza........ 48
Rúa da coruña ... 26, 39
Rúa da costa 53
Rúa da cruz verde..... 7
Rúa da cárcere vella .. 7
Rúa da eira 9, 10
Rúa da entrada a
  salgueira........ 29
Rúa da estrada ... 37, 38
Rúa da ferrería 6, 7
Rúa da finca dos aires
  41, 42
Rúa da palma 7
Rúa da pardaíña . 22, 35,
  36
Rúa da paz.......... 26
Rúa da pedra seixa .. 46,
  47
Rúa da pega 31
Rúa da reconquista ... 7
Rúa da robaleira . 32, 44,
  45
Rúa da robleda 4, 5
Rúa da rola 30
Rúa dalia 4
Rúa darío Álvarez
  blázquez 7
Rúa das coutadas 41, 42
Rúa das illas baleares 28
Rúa das illas canarias
  28, 29
Rúa das lilas......... 41

Rúa de a coruña .. 26, 39
Rúa de abaixo 36
Rúa de alexandre
  bóveda 50
Rúa de andalucía . 18, 19
Rúa de arzobispo
  gelmirez........ 16
Rúa de aríns 15, 28
Rúa de badaxoz .. 18, 19
Rúa de bolivia 15, 16
Rúa de bueu 37
Rúa de bueu2 37
Rúa de callao 9, 10
Rúa de camilo josé cela
  26
Rúa de carral 7
Rúa de castilla 10
Rúa de chano pineiro 26
Rúa de chile 14
Rúa de cristo 19
Rúa de curros enriquez
  27, 28
Rúa de dona cristina . 43
Rúa de eduardo cabello
  23
Rúa de elio antonio de
  nebrija 26
Rúa de encino 30
Rúa de enrique lorenzo
  5
Rúa de eugenio kraff . 50
Rúa de feliciano rolán 14,
  27
Rúa de fontáns 19
Rúa de freixo........ 30
Rúa de fátima 18
Rúa de garcía lorca .. 38,
  39
Rúa de gerona.... 27, 40
Rúa de gil........... 16
Rúa de granada ... 7, 15
Rúa de gravina 8, 16
Rúa de hernán cortés 16
Rúa de jacinto be-
  navente...... 13, 14,
  26
Rúa de jaime balmes 26
Rúa de joaquín loriga 15,
  16
Rúa de johan carballeira
  23
Rúa de josé gömez
  posada-curros .. 28
Rúa de juan ramón
  jiménez.......... 13
Rúa de julia minguillón
  10

Rúa de lepanto ... 16, 17
Rúa de llorente....... 14
Rúa de luis taboada . 7, 8
Rúa de lópez de neira 7,
  15
Rúa de lópez mora .. 27,
  40
Rúa de magallanes .. 16
Rúa de manuel olivie . 15
Rúa de manuel olivié 15,
  16
Rúa de marques de
  valladares 7
Rúa de marqués de val-
  ladares........... 7,
  8
Rúa de melide.... 33, 34
Rúa de menendez
  pelayo........... 14
Rúa de menéndez
  pelayo 14, 27
Rúa de moaña 37
Rúa de montecelo . 3, 10
Rúa de montecelo alto
  4, 11
Rúa de montecelo
  baixo....... 4, 10, 11
Rúa de otero pedrayo
  40
Rúa de ourense 27
Rúa de padre don rúa 16
Rúa de pedro alvarado 5
Rúa de pi y margall .. 14,
  27
Rúa de pintor colmeiro
  27, 28
Rúa de pontevedra ... 8
Rúa de portela 19
Rúa de ramon del valle-
  inclan........... 28,
  29
Rúa de regueiro 27
Rúa de romil 14, 27
Rúa de roris 5
Rúa de salvador al-
  lende 39
Rúa de san francisco . 6,
  14
Rúa de san gregorio . 24
Rúa de san lourenzo . 10
Rúa de san roque 18, 30,
  31
Rúa de san xosé 18
Rúa de san xoán...... 11
Rúa de sanjurjo badía . 3,
  5
Rúa de santa ana 23

Rúa de santiago ... 6, 14
Rúa de sebastián el-
cano 23
Rúa de severo ochoa 13,
26
Rúa de suso vaamonde
polo 33, 34
Rúa de taboada leal. . 15
Rúa de tomás alonso
23-27
Rúa de toural de abaixo
4
Rúa de urzáiz . . 8, 16-19
Rúa de velázquez
moreno 7, 15
Rúa de venezuela. 15-17
Rúa de vicente risco . 29
Rúa de vista alegre . . 10
Rúa de xabier xenxat. 34
Rúa de Álvaro cun-
queiro 27
Rúa del conde de gon-
domar 16,
29
Rúa do azor 18
Rúa do bote 6
Rúa do candeeiro 11
Rúa do castañal...... 34
Rúa do conde 40, 41
Rúa do conde de gon-
domar 29
Rúa do cronista josé
espinosa 19
Rúa do cármen 40
Rúa do doctor marañón
27
Rúa do doutor cadaval 7,
15
Rúa do doutor car-
racido 18,
19
Rúa do Faisán 31
Rúa do faisán 18, 31
Rúa do funil......... 6, 7
Rúa do gaiteiro ricardo
portela 6, 14
Rúa do grove 37, 38
Rúa do instituto
oceanográfico . . 13,
14
Rúa do limpiño 47
Rúa do lirio 4
Rúa do marqués de val-
terra 13, 14,
26
Rúa do medio 36

Rúa do mestre chané 10,
11
Rúa do mestre montes
11
Rúa do miradoiro 41
Rúa do miño 36
Rúa do morcego 31
Rúa do padre celso ... 11
Rúa do padre don rúa 16
Rúa do pazo 23, 53
Rúa do pazo solita ... 34
Rúa do peixe 6
Rúa do pilar 15
Rúa do pino 10, 18
Rúa do pintor laxeiro . 27,
40
Rúa do pintor lugrís . . 27
Rúa do pracer 7, 15
Rúa do principe 8
Rúa do príncipe . 7, 8, 16
Rúa do párroco josé
otero 18
Rúa do rocío 36
Rúa do rosario 18
Rúa do roupeiro 8
Rúa do santo cristo . . 23
Rúa do talude 18
Rúa do torroso 24
Rúa do toural......... 4
Rúa do toxal 11, 19
Rúa do vello 30
Rúa do xazmin 4
Rúa do xilgaro 31
Rúa do xuncal 46
Rúa doctor darío durán
gómez 38
Rúa doctor martín lago
18, 31
Rúa doctor toscano . . 31
Rúa don quijote 27
Rúa dos casdegos ... 34
Rúa dos continos 43
Rúa dos currás 11
Rúa dos irmandiños . 16,
17
Rúa dos olímpicos ... 50
Rúa dos perigos 6, 7
Rúa dos poboadores. . 6
Rúa dos reis 23
Rúa dos trobos 5
Rúa doutor canoa . 10, 11
Rúa doutor dario durán
gómez 38, 39
Rúa dunas de samil. . 44
Rúa ecuador 15-17
Rúa eduardo blanco
amor 39

Rúa eduardo cabello 22,
23
Rúa eduardo iglesias . 7,
15
Rúa elduayen 6, 7
Rúa emilia pardo bazán
29, 30, 43
Rúa emilio blein budiño
15
Rúa enrique xabier
macias 28
Rúa escalinata de
peniche 26, 27
Rúa escultor gregorio
fernández 17
Rúa escultor nogueira 31
Rúa esperanto 17, 18
Rúa estorniño 31
Rúa estrada 38, 39
Rúa eugenio arbones 39
Rúa extremadura..... 19
Rúa falperra 14
Rúa faustino Álvarez . 28
Rúa fermín penzol..... 7
Rúa fernando conde . 16
Rúa fernando lago
olano 30, 31
Rúa ferreiros 22, 23
Rúa filipinas 29, 30
Rúa fisterra 15
Rúa fotógrafo felipe
prósperi 38, 50
Rúa fotógrafo jaime
pacheco 38
Rúa fotógrafo luis
kasado 38
Rúa fotógrafo xaime
pacheco 38
Rúa fotógrafo xosé gil
38, 50
Rúa fotógrafo Ángel
llanos 38
Rúa fotógrafos irmáns
sarabia 38, 50
Rúa foxos 4
Rúa gaivota 31
Rúa galleiro 24
Rúa gamboa 7
Rúa garcía barbón 3,
8-10
Rúa garcía olloqui 7
Rúa genaro de la fuente
18, 19
Rúa gerardo campos
ramos 5
Rúa gonzalo torrente
ballester 18

60

Rúa gonzález sierra . . 40
Rúa gregorio espino . 18, 31
Rúa guatemala 16
Rúa heraclio botana . . . 9
Rúa hispanidade . 14, 27, 28
Rúa honduras 16, 29
Rúa hortas 7
Rúa hortensia 4
Rúa iglesias exponda 16
Rúa inés pérez de ceta 8
Rúa isaac díaz pardo 40, 41
Rúa isabel ii 8
Rúa isidoro romero . . 23, 36, 37
Rúa jesusa alfau galván 29
Rúa jesús fernández . 19
Rúa joaquín yanez 7
Rúa joaquín lóriga 15, 16
Rúa joaquín yáñez 7
Rúa josé antela conde 19
Rúa juan ramón jiménez 14
Rúa lalín 38, 39
Rúa lamelas 47
Rúa laxe 7
Rúa levante 18
Rúa león 18, 19
Rúa llorente 14
Rúa londres . . 7, 8, 15, 16
Rúa lorient 49
Rúa loureiro 30
Rúa lourido 45
Rúa lugo 7
Rúa luis braille 16
Rúa luis seoane 39
Rúa manolo martínez 39, 40
Rúa mantelas 29
Rúa manuel de castro 50
Rúa manuel núñez 8, 16
Rúa marqués alcedo . 15
Rúa martín alonso pinzón 23
Rúa martín codax . . 8, 16
Rúa martín echegaray 37, 38, 50
Rúa maria auxiliadora 15
Rúa maría berdiales . . 16
Rúa maría victoria de la fuente 29
Rúa marin 36, 37

Rúa mazarico 18, 31
Rúa merlo 31
Rúa mestre goldar . . . 53
Rúa mestre soutullo . 19
Rúa mexico 16, 17
Rúa miguel hernández 39
Rúa mimosa 5
Rúa miragaia 9
Rúa mondariz 37
Rúa monforte de lemos 19
Rúa montero ríos . . . 7, 8
Rúa moreiras 41
Rúa mos 36, 48
Rúa nardos 4
Rúa navarra 10, 18
Rúa nicaragua 15, 16
Rúa nigrán 48, 49
Rúa nogal 30
Rúa numancia . 10, 11, 18, 19
Rúa núñez de balboa 25, 37
Rúa o castañal 5
Rúa o rosal 49
Rúa oliva 7
Rúa oporto 8
Rúa pablo iglesias 49, 50
Rúa pablo morillo 7
Rúa padre feijoo . . 16, 29
Rúa padre ramón maría aller 17
Rúa padre sarmiento . 17, 30
Rúa padre seixas . 48, 49
Rúa palencia 19
Rúa panamá 15, 16
Rúa papuxa 31
Rúa paraguai 16, 17
Rúa pardillo 31
Rúa pastora 40
Rúa paulino freire 23, 36
Rúa pedro do pazo . . . 23
Rúa pereiras 45, 46
Rúa periodista segundo marino 38, 50
Rúa perú 7
Rúa pescadores 23
Rúa peñasco 6
Rúa pi y margall 14
Rúa pi y margall interior 14
Rúa pinal de adentro 50
Rúa pino 18
Rúa pintor josé frau ruiz 27

Rúa pintor laxeiro 27
Rúa pintor mario fernández granell . . 37, 38, 50
Rúa pizarro 16–18
Rúa poeta añón 23
Rúa poeta pondal 30
Rúa policarpo sanz . 7, 8
Rúa ponte da veiga . . 49, 50
Rúa ponteareas 37
Rúa pontecaldelas . . . 36
Rúa pontecesures . . . 48
Rúa porriño 36, 48
Rúa portela 19
Rúa poza cabalo 47
Rúa primera travesía guixar 3, 4
Rúa progreso . . . 7, 15, 16
Rúa puerto rico . . . 16, 29
Rúa purificación saavedra 4
Rúa quintela 38, 39
Rúa ramón antonio Álvarez 23
Rúa ramón buch 38
Rúa ramón soler . . 25, 26
Rúa ramón y cajal 15, 16, 28, 29
Rúa real 6, 7
Rúa redomeira . . . 11, 19
Rúa redondela 37, 49
Rúa rego da pulida . . . 44
Rúa regueiro 27, 40
Rúa reiseñor 18
Rúa república argentina 8, 16
Rúa ribadavia 17, 30
Rúa ricardo torres quiroga 40
Rúa roade 21, 22, 35
Rúa rocío 36
Rúa rogelio abalde . . . 16
Rúa ronda de don bosco 8, 15, 16
Rúa rosa 4
Rúa rosalía de castro . 8, 9
Rúa rosario hernández diéguez 4, 11
Rúa sagunto 19
Rúa salamanca . . 27, 41
Rúa salceda de caselas 48
Rúa salgueiral 32, 44, 45
Rúa salvaterra 38
Rúa san amaro 16, 28, 29

Rúa san bernardo 7
Rúa san gregorio . 24, 25
Rúa san ignacio 3, 4
Rúa san lourenzo . 10, 11
Rúa san miguel 23
Rúa san paio 46, 47
Rúa san roque 18
Rúa san salvador 17
Rúa san sebastián 7
Rúa san vicente 6, 7
Rúa san xoan de deus
24, 37
Rúa santa baía 20, 33, 34
Rúa santa cruz 23
Rúa santa lucía 29
Rúa santa maria de oia
37, 49
Rúa santa marta . . . 6, 14
Rúa santa tegra 3, 4
Rúa santander 4
Rúa santo domingo . . 17
Rúa sanxenxo 37
Rúa segunda república
7
Rúa serafín avendaño 9,
10
Rúa sergio saborido cid
27
Rúa sevilla 28
Rúa silleda 39
Rúa simancas 23, 24
Rúa simón bolivar 16
Rúa soria 19
Rúa soutomaior 37
Rúa suido 25
Rúa tambre 36
Rúa tamuxe 36
Rúa tarragona 27, 28
Rúa tea 36
Rúa teixugueiras . 35, 47,
48
Rúa teofilo llorente . 6, 7
Rúa tercera travesía
guixar 4
Rúa tercio de afuera . . 17
Rúa toledo 19
Rúa tomiño 49
Rúa tomás paredes . . 36
Rúa toxal 11, 19
Rúa tranviarios . . . 39, 40
Rúa triunfo 7
Rúa troncoso 18

Rúa trovador meendiño
15
Rúa tui 37, 49
Rúa ulla 36
Rúa umia 36
Rúa uruguai 8
Rúa Urzaiz 8
Rúa val miñor 51
Rúa valencia 28
Rúa vanesa lage 19
Rúa victoria 7
Rúa vilagarcia de
arousa 36, 37
Rúa vizcaia 19
Rúa xaxan 24
Rúa xeranio 4
Rúa xiabre 24, 25
Rúa xosé maría acuña
10, 18
Rúa xulian estévez 3
Rúa zamora . . . 27–29, 40
Rúa zaragoza 27, 28

─────── S ───────

San pablo grupo sindi-
cal 5
San roque 30
Sanjurjo badia 4, 5
Sanjurjo badia 3
Subida a castreliños . 40,
41, 53
Subida costa 53
Subida á costa 7
Subida á ponte 5
Subida á rola 30
Subida ó castelo 6, 7

─────── T ───────

Teofilo llorente 6
Tomás a alonso 24
Tomás paredes 36
Travesia de cataboi . . 40
Travesia de jacinto be-
navente 13
Travesia foxos 4
Travesia purificacion
saavedra 1 . . . . . . 4, 5
Travesía a coruña 26, 39
Travesía alcalde por-
tanet 51

Travesía benito castro
nogueira 19
Travesía calazas 17
Travesía cuarta chouzo
4 39
Travesía da aurora 7
travesía da cordeira . . 24
Travesía da esperanza 6
Travesía da horta 10
Travesía da ponte ro-
mana 51
Travesía de ex-
tremadura 19
Travesía de foxos 4
Travesía de josé antela
conde 19
Travesía de marqués
alcedo 15, 16
Travesía de pastora . . 40
Travesía de taboada
leal 15
Travesía de tomás pare-
des 36
Travesía de vigo 4, 5, 10,
11, 18
travesía del chouzo . . 39
travesía do barrio de
ribadavia 17
travesía do couto de
san honorato 30
Travesía do faisán . 18, 31
travesía do padre celso
11
Travesía do pino 18
Travesía do príncipe . . 7
Travesía do rosario . . . 18
Travesía eugenio ar-
bones 39
Travesía forno 17
Travesía irmans pérez
quintela 19
Travesía numancia 18, 19
Travesía santiago de
vigo 8
Travesía soler 18
Travesía xulián estévez 3

─────── V ───────

Velazquez moreno 7
Vía norte 17, 18

Points of Interest

A

A Laxe Shopping Mall
🔱 6
A Miñoquiña 🏢 38
Alcabre 🏢 33
Archeological Center
Roman Salinas
(Rua de Rosalía de
Castro 21) 🏛 8
Athletic Track Balaidos
🏃 50
Auditory and Congress
Center Mar de Vigo
🔱 13

B

Bouzas 🏢 22, 23
Buzas Boat Club (Rua
E.Cabello 8) 🏃 . . 23

C

Castello y Mirador de
San Sebastián
(Castle and View-
point) 🔱 6,
7
Castrelos 🏢 53
Castrelos Park and Au-
ditorium 🏛 52
Castro Punta do Muíño
do Vento 🔱 20
Church do Carme 🔱 . 27
Church San Francisco
🔱 4, 6
Church San Miguel de
Bouzas 🔱 23
Church Santa María de
Castrelos 🔱 53
Church Santiago 🔱 8

Church Santo Andre de
Alcabre 🔱 21
Church Santísimo Cristo
da Victoria (Rua de
Baiona 9) 🔱 37
Cocathedral Santa
María 🔱 7
Coia 🏢 37
Concello (City Hall) 🔱 . 7
Cruise Ferry Terminal ⚓
6

D

Dinoseto Bush and El
Sireno Monuments
(Plaza Porta do Sol)
🔱 7

E

El Corte Ingles Shop-
ping Mall 🔱 16
Ethnographic Museum
Liste 🏛 40

F

Fortress Ruins 🔱 14

G

Gran Vía Shopping Mall
🔱 41
Guardia Civil HQ 🛡 . . . 28

H

Hospital FREMAP ✚ . 27
Hospital Nicolás Peña
✚ 27

Hospital Nuestra
Señora de Fátima
✚ 18
Hospital Povisa ✚ 27
Hospital Xeral ✚ 16

I

IESIDE Business Insti-
tute 🏛 30

J

Jules Verne Monument
(Av. Bairamar) 🔱 . . 7

L

Local Police HQ (Plaza
do Rei 1) 🛡 7
Lonxa de Altura Fish
Market 🔱 13

M

Maritime Station of Ría
(Boat trips to Vigo's
Estuary) ⚓ 7
Mercado da Pedra (Rua
T.Llorente 9) 🔱 . . . 7
Mercado de O Berbés
(Fish Market) 🔱 . . . 6
Mercado de Teis 🏢 4
Miñoca Sculpture in the
Park 🔱 38
Modern Art Museum
Marco (Rua do
Principe 54) 🏛 8, 16
Monument Galeóns de
Rande 🔱 15

Monument Porta do Atlántico (Plaza América 435) ♟ . 39

Muelle de Guixar ▤ . . . 3

Muelle de Transatlanti-cos ▤ 6

Muelle del Arenal ▤ . . 9

Municipal Market of Buzas ˙Rua Covan-doga 1) ♟ 23

Municipal Sports Com-plex das Travesas ⚘ 40

Municipal Stadium Bal-aídos ⚘ 50

Museum Casa das Artes e da Histo-ria ⅏ 7

Museum Do Mar ⅏ . . 20

Museum Quiñones de León ⅏ 52

Museum Real Club Celta de Vigo ⅏ 50

Museum Verbum-Casa das Letras ⅏ 44

N

National Police HQ ⚕ . 7

P

Parish Inmaculada Con-cepción ♟ 19

Parish Nosa Señora da Paz ♟ 31

Parish Nuestra Señora de Fátima ♟ 18

Parish Sagrado Corazón ♟ 9

Parish Santa Lucía ♟ . 29

Park and Old Fortress of the Castle ♟ 15

Pizzaro Shopping Mall ♟ 17

S

Sales Foundation-Botanical Garden ♟ 46

Soccer Field Coia ⚘ . 49

Soccer Field Manuel Pahiño ⚘ 47

Sports Pavilion Pablo Beiro ⚘ 22, 23

Sárdoma ▤ 43

T

Tourist Office (Rua Cánovas del Castillo 3) ℹ 7

Travesía Shopping Mall ♟ 5

U

University School of Business ⅏ 26

University School of Industrial Engi-neering ⅏ 26

V

Vigo Guixar Train Sta-tion ▥ 9

Vigo Urzáiz Train Station ▥ 17

Printed in Great Britain
by Amazon